آپ کے بارے نیا کیا ہے؟

Karen Hostetter

Olive Press
צהר זית

Messianic & Christian Publisher

www.olivepresspublisher.com

olivepressbooks@gmail.com

P.O. Box 163, Copenhagen, NY 13626

ہیڈ کوارٹر ہے

پبلشر یورپ پبلیکیشنز

Messianic & Christian Publisher

جو ہم چاہتے تھی سے پہلے ہم نے اس پر کیش جلال پایا۔ ہم سمجھتے ہیں کہ ہم کی اس کی اشتیاق کلام اللہ کی تعلیم کے لیے ہیں۔ کلام مقدس ہوں کی کا کردار اور یہ سے روشنی کی طرف آئے۔ اسرار میں بیان کی تعلیم ہے جو کی طرف مقدس مسیح میں روشنی کی طرف آئے (زبور)۔ بیان۔ سمر 2۔ مکاشفہ۔ 3:1۔ کلسیوں 1:26۔ بلال۔ 26:18۔ یہا کہ کریم۔ کلام سے بیان اسرار کلام ان میں تعلیم سے واضح ہیں۔

ہم ہم اسے اللہ ظاہر کریں جس نے سب سے پہلے کے دین۔ کاپی رائٹ 1982۔ تمام حقوق محفوظ ہیں۔

اور اسرار جو کہ کتابوں جس سے نمونہ میں شاعران۔ دار اللہ پر چاہے گئے۔ بیان خاص کی صورت میں لے پے کے لیے۔

آپ کے بارے کیا یہ ہے؟

کالی رائٹ ۔ کیرن ہوسلینگر

مترجم: صابر مرقس

ISBN 978-0-9847111-6-1

1۔ مسیحی زندگی۔ روحانی بیداری

2۔ مسیحی زندگی۔ انفرادی بیداری

3۔ مسیحی زندگی۔ الہام

Published by

Olive Press Messianic and Christian Publisher

www.olivepresspublisher.com   P.O. Box 163

olivepressbooks@gmail.com   Copenhagen, NY 13626

OlivePress

צהר | זית

Messianic & Christian Publisher

ہماری اولائیو پریس کی یہ دُعا

ہے یہ کتاب اروحانی کے کلام کی جانکاری میں مدد ثابت ہو، جو ہر جگہ تیزی سے پھیل رہا ہے اور ہر جگہ جلال پا رہا ہے۔ ہم اُمید کرتے ہیں کہ ہماری کتب لوگوں کی آنکھیں کھولنے میں مددگار ثابت ہوں گی تاکہ لوگ اندھیرے سے روشنی کی طرف آسکیں اور روحانی کی قوتوں سے خدا کی طرف آسکیں اور یشوع (یسوع) پر ایمان رکھ سکیں۔
(2 تھسلنیکیوں 1 :3، کلسیوں 25 :1، اعمال 18 :26)۔ دُعا ہے کہ یہ کتاب نئے ایمان داروں کو خدا میں بڑھنے کا موقع دے۔ آمین

تمام حوالہ جات نیو کنگ جیمس ترجمہ سے لیے گئے ہیں۔ کاپی رائٹ 1982۔ تمام جملہ حقوق محفوظ ہیں۔

وہ پیراگراف جو نیو کنگ جیمس ترجمہ میں شاعرانہ انداز میں دیے گئے ہیں یہاں نثر کے انداز میں دیے گئے ہیں۔

1۔ دوسرے ایمانداروں سے رفاقت رکھو۔

2۔ پانی میں غوطے والا بپتسمہ لو۔

3۔ اپنی بائبل پڑھو۔

4۔ پاک روح کا بپتسمہ لو۔

(پاک روح کے بارے میں کتب کی فہرست)

5۔ پرستش اور دعا میں وقت گزاریں۔

(دعا کے بارے میں کتب کی فہرست)

اس حصے میں حوالہ جات دیے گئے ہیں۔

حصہ پنجم

جو عادات اور گناہ مجھ میں ہیں ان کے بارے کیا ہے۔

اختتامیہ

تعارف

اس کتاب کا مقصد

میں نے محسوس کیا کہ خدا مجھے کہہ رہا ہے کہ میں آپ کے لیے اور نئے ایمانداروں کے لیے کتاب لکھوں۔ نئے ایمان دار ہونے کے ناطے آپ کا کوئی دوست یا ایسا چرواہا ہو، جو خدا میں مضبوط ہو وہ آپ کی روزانہ کی زندگی میں مدد کرسکتا ہے لیکن ایسا ہو سکتا ہے کہ آپ کے پاس کوئی ایسا نہ ہو جو آپ کے ساتھ چل سکے۔ مجھے اعتماد ہے کہ یہ کتاب آپ نے جو ابھی نجات حاصل کی ہے کے نقطہ کو سمجھنے اور بڑھوتری میں مدد دے گی۔ ہر حصے میں بائبل سے حوالہ جات دے رہی ہوں جو اس بات کی تصدیق ہے کہ میں خدا کے کلام سے لکھ رہی ہوں، بائبل سے لکھ رہی ہوں جو سچائی کا منبع ہے۔

آپ نے یسوع کو نجات دہندہ اور خدا قبول کر کے بہت اہم فیصلہ کیا ہے، لیکن ہو سکتا ہے کہ آپ مسیحی ایماندار کے بارے بہت کم جانتے ہوں یا بالکل نہیں جانتے ہوں، یا مسیحی ایمان کے متعلق نہ جانتے ہوں، اور ہو سکتا ہے کہ مسیحی ایسے الفاظ استعمال کرتے ہوں جو آپ کی سمجھ سے باہر ہوں۔ اس بات کے بارے میں پڑھنے سے پہلے کہ آپ کی مسیح میں زندگی کیا ہے آپ کو ان الفاظ کو سمجھنے کی ضرورت ہے جو اس بات کی وضاحت کے لیے استعمال کیے جاتے ہیں کہ آپ کی زندگی میں کیا ہو رہا ہے۔ یہ باتیں پہلے حصے میں کی گئی ہیں۔

دوسرے حصے میں یہ بیان کیا گیا ہے کہ یسوع کو نجات دہندہ اور خدا قبول کرنے سے آپ کی زندگی تبدیل ہو گئی۔ ''نئی پیدائش'' کیا ہے اس کا جواب دوسرے حصے میں دیا گیا ہے۔

تیسرے حصے میں اس بات کی وضاحت کی گئی ہے کہ پاک روح آپ کی زندگی میں کیا کرتا ہے اور اس کا آپ کی زندگی میں کیا اثر ہوتا ہے!

نئی پیدائش بالکل ''نئے سرے سے تخلیق'' ہونے کی طرح ہے۔ چوتھا حصہ مسیحی زندگی میں آپ کے آغاز کو بیان کرتا ہے۔

آخر میں پانچواں حصہ آپ کو یہ سمجھنے میں مدد دیتا ہے کہ کس طرح عادات کی وجہ سے سنجیدہ لالچوں سے بچا جا سکتا ہے۔

حِصّہ اوّل

آپ نے فیصلہ کرلیا ہے! آپ نے یسوع کو اپنی زندگی کے لیے نجات دہندہ اور خداوند قبول کرلیا ہے۔ آپ نے گناہ گاری کی حالت میں دُعا کی، اور اب آپ کے پاس بُہت سے سوالات ہیں۔ شاید ہوسکتا ہے کہ آپ شک کر رہے ہوں کہ آپ کے ساتھ کیا ہوا، اور یہ سوچ رہے ہوں گے کہ کچھ بھی نہیں ہوا۔ ہوسکتا ہے کہ آپ یہ سوچ رہے ہوں گے کہ آپ جذباتی طور پر تبدیل ہوگئے ہوں گے۔ ہوسکتا ہے کہ آپ کے دوست سمجھ نہیں پا رہے ہوں گے اور منفی انداز میں سوال کر رہے ہوں گے۔ حوصلہ مت ہارو۔ آپ نے اپنے زندگی کا سب سے اہم فیصلہ کرلیا ہے۔ سب سے پہلے تو آپ کے ساتھ یہ ہوا کہ آپ کے گناہ لے لیے گئے، آپ کے گناہوں کو مُعاف کردیا گیا اور اُن کو بھُلا دیا گیا، اور یسوع مسیح آپ کی زندگی میں داخل ہوگیا۔ یہ روحانی تبادلہ ہے نہ کہ کوئی جذباتی عمل، اگرچہ آپ کے احساسات متاثر ہوئے ہوں گے۔ آپ کے گناہ بہت زیادہ تھے یا بہت کم، جب آپ اُن کے بوجھ سے آزاد ہوئے ہوں گے تو یہ عمل آپ کے لیے بُہت زیادہ خوشی یا آنسوؤں کا سبب بنا ہوگا۔ اگر آپ نے زبان سے نہیں بلکہ دل سے فیصلہ کیا ہے تو آپ کی زندگی تبدیل ہوچکی ہے۔ یہ کتاب اس لیے لکھی گئی ہے کہ آپ کو اِن تبدیلیوں کو سمجھنے میں مدد مل سکے۔ <u>نئے الفاظ کے نیچے لائن لگائی گئی ہے اور ان کی وضاحت کی گئی ہے۔</u>

بائبل، رومیوں 3: 23 میں ہمیں یہ بتاتی ہے کہ ہر ایک نے گناہ کیا ہے اور رومیوں 6: 23 میں ہمیں جاننا چاہیے کہ خدا کی بخشش ہمارے خداوند یسوع مسیح میں <u>ہمیشہ کی زندگی</u> ہے۔ آپ کی ہمیشہ کی زندگی اُسی وقت شروع ہوگئی، جب آپ نے یسوع کو دل میں آنے کا کہا۔ صرف یسوع ہی خدا تک پہنچنے کا واحد راستہ ہے یوحنا 14: 6۔ کیونکہ خدا نے دُنیا سے ایسی مُحبت رکھی کہ اُس نے اپنا اکلوتا بیٹا بخش دیا تاکہ جو کوئی اُس پر ایمان لائے ہلاک نہ ہو بلکہ ہمیشہ کی زندگی پائے، یوحنا 3: 16۔ یسوع مسیح اپنے بدن پر ہمارے گناہ، بیماریاں، امراض اور بے چینیاں لے کر صلیب پر چڑھ گئے، (یسعیاہ 53: 4-5 ، 1۔پطرس 2: 24)

کلوری کے مقام پر یسوع کا لہو بہایا گیا خون کی قُربانی ہمارے گناہوں کی <u>تلافی</u> کے لیے بُہت ضروری تھی۔ تلافی کا بعض اوقات مطلب یہ بھی ہوتا ہے کہ ڈھانپ کر، منسوخ کرکے، گناہوں کا تبادلہ کرکے اس جی ہوئی راستبازی کے لیے اور خدا کی حمایت اور مفاہمت کے ذریعے خدا اور گناہ گار انسان کو ایک دوسرے کے قریب لانا۔

ہم اُس وقت <u>نجات</u> پاتے ہیں جب ہم انفرادی طور پر یسوع کو اپنا نجات دہندہ اور خداوند قبول کرتے ہیں۔ لفظ ''نجات'' اور ''بچانا'' کا مطلب ہے رہائی دینا، صحت، نجات، بچانا، تحفظ، دفاع، تمام کچھ کرنا، اچھا بنانا۔ خوشحالی اور فتح۔ (زبور 91: 16، لوقا 7: 50، متی 10: 22، مرقس 16: 16، اعمال 2: 21)۔ یہ وہ کچھ ہے جو خدا ہمارے لیے کرتا ہے! اور اب آپ بھی اس میں شامل ہیں! وہ ہمیں رہائی دیتا ہے، ہمیں صحت دیتا ہے

ہمیں بچاتا ہے تحفظ مہیا کرتا ہے ہمارا دفاع کرتا ہے ہمیں خوشحال کرتا ہے اور فتح کی جانب ہماری رہنمائی کرتا ہے

یسوع نے آپ کو آزاد کروایا۔ یسوع نے آپ کو روحانی موت سے واپس خرید لیا، بالکل اسی طرح جیسے آپ کی زندگی کا کوئی تاوان ادا کردے۔ خدا تک پہنچنے کا صرف یہی راستہ ہے کہ ہمیں یسوع مسیح آزاد کروائے۔ یسوع کی موت کی وجہ سے آپ راستباز ہو جس طرح یسوع راستباز ہے۔ یسوع نے ہمارے گناہ لے کر اور صلیب پر ان کو معاف کر کے ہمیں راستبازی دی (1۔پطرس 24 :2) آپ نے فیصلہ کرتے ہوئے توبہ کی جس سے آپ کا ذہن تبدیل ہو گیا جس سے ہمیں اپنے مقاصد اور اعمال کے لیے رہنمائی حاصل ہوئی۔ مرقس 15 :1، اعمال 3 :19، آپ تبدیل ہوئے، یہ اس بات کا تجربہ ہے جب کوئی واقعی یسوع کو اپنا نجات دہندہ قبول کرتا ہے۔

جانتے ہوئے کہ ہم معاف کیے گئے ہیں اور اپنے گناہوں سے آزاد کیے گئے ہیں اور جو کچھ یسوع نے ہمارے لیے کیا ہے وہ ایک خوشخبری ہے۔ یسوع مسیح کی انجیل ایک خوشخبری ہے! یہ پیغام ہے جو کہتا ہے خدا نے رہائی کا راستہ مہیا کیا ہوا ہے۔

خدا کے بیٹے یسوع کے ذریعے اب ہم خدا کا بادشاہت کا حصہ ہیں۔ یہ بادشاہی وہ ہے جس کی یسوع نے اُس کے شاگردوں نے اور اُس کے رسولوں نے منادی کی۔ نئے عہد نامہ میں متی، مرقس، لوقا اور یوحنا کی کتابیں انجیل کی کتابیں ہیں۔

نئے سر سے پیدا ہونا، نئی پیدائش، دوسری پیدائش، اور دوبارہ پیدا ہونا، یہ وہ الفاظ ہیں جو اُس وقت استعمال ہوتے ہیں جب آپ اپنے آپ کو پہچانتے ہو کہ آپ گناہ گار ہو، اور مکمل طور پر ایمان رکھتے ہو کہ خدا نے یسوع مسیح کو مردوں میں سے جلایا، اور اس بات کا اعتراف کرتے ہو کہ یسوع مسیح ہی خدا ہے۔ یہ اُس وقت ہوتا ہے جب ہم اس بات پر ایمان رکھتے ہیں کہ یسوع صلیب پر ہمارے گناہوں کی معافی کے لیے خون بہانے کے لیے چڑھے اور ہم اپنے گناہوں سے توبہ کرتے ہیں، اور خدا کی جانب آتے ہیں اور اپنی گناہ آلودہ زندگی سے واپس آتے ہیں۔ جب آپ نے ایسا کیا تو آپ "نئے سر سے خدا کے خاندان میں پیدا" ہو گئے (رومیوں 10:9-10)

نئے سر سے پیدا ہونا نہیں ہے: صرف ذہن میں یسوع مسیح پر ایمان رکھنا، چرچ جانا یا چرچ کی ممبر شپ رکھنا، اچھی چیزیں (کام) کرنا، بُرے سے اچھا بن جانا، یا کسی کو بھی قتل نہ کرنا یا دوسرے جرائم نہ کرنا۔ اگرچہ یہ اچھے اصول ہیں جس کی پابندی کرنا چاہیے، لیکن ان میں سے ایک بھی آپ کو ابدی زندگی نہیں دے گا!

خدا زندگی ہے۔ موت ہماری تخلیق اور خدا کے منصوبہ کا حصہ نہ تھی۔ موت خدا کی دشمن ہے اور ہماری بھی۔ 1۔ کرنتھیوں 15:26 میں کہا گیا ہے "سب سے پہلا دشمن جو نیست کیا جائے گا وہ موت ہے"

خدا نے آدم (خدا کا پہلا تخلیق کیا گیا انسان) کو بتایا تھا کہ جس دن وہ نیک و بدی کی پہچان کے درخت سے کھائے گا وہ مر جائے گا۔ روحانی موت جس کا مطلب ہے خدا سے جدائی، اُس وقت آئی جب آدم اور حوا نے نافرمانی کی اور وہ کچھ کیا جس کا خدا نے اُنہیں کرنے سے منع کیا تھا۔ تب انسان شیطان کا بیٹا بن گیا اور شیطانی فطرت لے لی۔

جسمانی موت وہ موت ہے جب روح آپ سے جدا ہوتی ہے اُس وقت آپ کی روح دوزخ یا خدا کی بادشاہت میں جاتی ہے۔ یہ اس بات پہ منحصر ہے کہ آپ نے یسوع کو اپنا نجات دہندہ اور خدا قبول کیا کہ نہیں۔ دوسری موت غیر ایمان داروں کے لیے ہے جس کا بدن آگ کی جھیل میں ڈالا جائے گا جو ابدی جگہ ہوگی (مکاشفہ 20:13-14)۔

بائبل ہمیں بتاتی ہے کہ ہم سب نے گناہ کیا اور ایک بھی گناہ کا نتیجہ موت ہے۔ کیونکہ ہم میں گناہ ہے ہم روحانی طور پر مُردہ ہیں اور مُردہ خدا کے سامنے کھڑے نہیں ہو سکتے۔ اس لیے خدا نے ہمیں پاک صاف کرنے کے لیے اپنا بیٹا بھیجا جس کا نام یسوع ہے۔

خدا نے شیطان کو یسوع کی موت کے ذریعے پھنسایا۔ یسوع مسیح خدا کے فیصلے سے گزرا۔ کیا آپ سمجھتے ہیں؟ اس کا مطلب ہے کہ آپ کے گناہ کا پہلے ہی سے فیصلہ کر لیا گیا ہے۔ یسوع نے شیطان، موت اور دوزخ پر فتح پائی اور ہمارے گناہ لے کر اور اُن کو صلیب پر ڈھو کر انسان کی لعنتوں کو توڑ دیا۔ کچھ بھی ایسا نہیں ہے جس کی وجہ سے ہم گناہ سے چھٹکارہ حاصل کر سکیں سوائے اس کے ہم یسوع کو اپنا نجات دہندہ اور خدا قبول کریں۔ یہ خوشخبری ہے: کہ یسوع نے ہمارے گناہ اپنے بدن پر لے کر اُن کو مُعاف کر دیا۔ ہمارے گناہ ہمیشہ کے لیے مُعاف کر دیے گئے ہیں اور بھلا دیے گئے ہیں (عبرانیوں 9:19-28)۔ اگر یسوع ہمارے لیے مرا اور ہم سب کی قیمت چکائی اس بات کا ہمیں اس وقت فائدہ ہوتا ہے اگر ہم اس بات کو قبول کرتے ہیں اور ایمان رکھتے ہیں کہ یسوع نجات دہندہ اور خدا ہے اور اس بات پر ایمان رکھتے ہیں جو کچھ اُس نے کیا۔ یسوع نے بہت سے لوگوں کے لیے اپنے آپ کو پیش کر دیا اُن کے لیے بھی جو دوزخ میں جائیں گے وہ دوزخ میں اس لیے جائیں گے کیونکہ انہوں نے یسوع کے بارے میں نہیں جانا کہ یسوع نے اُن کے لیے کیا کیا یا اس لیے کہ اُن لوگوں نے یسوع کو رد کیا۔ یہ لوگ یہ الفاظ سُنیں گے" اے ملعونو میرے سامنے سے اس ہمیشہ کی آگ میں چلے جاؤ جو ابلیس اور اُس کے فرشتوں کے لیے تیار کی گئی ہے (متی 25:41)۔

کیا آپ جانتے ہو کہ لوقا 15:10 کے مطابق، ''ایک توبہ کرنے والے گناہ گار کے باعث خدا کے فرشتوں کے سامنے خوشی ہوتی ہے۔''

خدا آپ سے اس قدر محبت کرتا ہے اور یسوع مسیح خدا سے اس قدر محبت کرتا ہے کہ یسوع نے آپ کو بچانے کے لیے اپنی زندگی دے دی۔

اس حصے میں حوالہ جات دیے گئے ہیں۔

رومیوں 3:23، ''اس لیے سب نے گناہ کیا اور خدا کے جلال سے محروم ہے۔''

رومیوں 6;23، ''کیونکہ گناہ کی مزدوری موت ہے لیکن خدا کی بخشش مسیح یسوع میں ہمیشہ کی زندگی ہے۔''

یوحنا 14:6، یسوع نے اُن سے کہا، راہ، حق اور زندگی میں ہوں میرے بغیر کوئی باپ کے پاس نہیں آتا۔''

یوحنا 3:16، ''کیونکہ خدا نے دُنیا سے ایسی محبت رکھی کہ اُس نے اپنا اکلوتا بیٹا بخش دیا تاکہ جو کوئی اُس پر ایمان لائے ہلاک نہ ہو بلکہ ہمیشہ کی زندگی پائے۔''

یسعیاہ 53:4-5، ''تو بھی اُس نے ہماری مشقتیں اٹھائیں اور ہمارے غموں کو برداشت کیا۔ پر ہم نے اُسے خدا کا مارا کوٹا اور ستایا ہوا سمجھا۔ حالانکہ وہ ہماری خطاؤں کے سبب سے گھایل کیا گیا اور ہماری بدکاری کے سبب سے کچلا گیا۔ ہماری سلامتی کے لیے اُس پر سیاست ہوئی تاکہ اُس کے مار کھانے سے ہم شفا پائیں۔''

1۔پطرس 2: 24، ''وہ ہمارے گناہوں کو اپنے بدن پر لیے ہوئے صلیب پر چڑھ گیا تاکہ ہم گناہوں کے اعتبار سے مرکر راستبازی کے اعتبار سے جئیں اور اُسی کے مار کھانے سے تم نے شفا پائی۔''

زبور 91: 16، ''میں اُسے عمر کی درازی سے آسودہ کروں گا اور اپنی نجات اُسے دکھاؤں گا۔''

لوقا 7: 50، ''مگر اُس عورت سے کہا تیرے ایمان نے تجھے بچالیا ہے۔ سلامت چلی جا۔''

متی 10: 22، ''اور میرے نام کے باعث سے سب لوگ تم سے عداوت رکھیں گے مگر جو آخر تک برداشت کرے گا وہی نجات پائے گا۔''

مرقس 16: 16، ''جو ایمان لائے اور بپتسمہ لے وہ نجات پائے گا اور جو ایمان نہ لائے وہ مجرم ٹھہرایا جائے گا۔''

اعمال 2: 21، ''اور یوں ہوگا کہ جو کوئی خداوند کا نام لے گا نجات پائے گا۔''

مرقس 1: 15، ''اور کہا کہ وقت پورا ہوگیا ہے اور خدا کی بادشاہی نزدیک آگئی ہے۔ توبہ کرو اور خوشخبری پر ایمان لاؤ۔''

اعمال 3: 19، ''پس توبہ کرو اور رجوع لاؤ تاکہ تمہارے گناہ مٹائے جائیں اور اس طرح خداوند کے حضور سے

تازگی کے دِن آئیں۔"

رومیوں 10: 9 - 10، ''کہ اگر تُو اپنی زبان سے یسوع کے خداوند ہونے کا اقرار کرے اور اپنے دِل سے ایمان لائے کہ خدا نے اُسے مُردوں میں سے جلایا تو نجات پائے گا۔ کیونکہ راستبازی کے لیے ایمان لانا دِل سے ہوتا ہے اور نجات کے لیے اقرار مُنہ سے کیا جاتا ہے۔"

1۔کرنتھیوں 15: 26، ''سب سے پچھلا دُشمن جو نیست کیا جائے گا وہ موت ہے۔"

مُکاشفہ 20: 13 -14، ''اور سمندر نے اپنے اندر کے مُردوں کو دے دیا اور موت اور عالمِ ارواح نے اپنے اندر کے مُردوں کو دے دیا اور اُن میں سے ہر ایک کے اعمال کے موافق اُس کا انصاف کیا گیا۔ پھر موت اور عالمِ ارواح آگ کی جھیل میں ڈالے گئے۔"

عبرانیوں 9: 11 - 14...... 22 -23........24، 26، 28، ''لیکن جب مسیح آیندہ کی اچھی چیزوں کا سردار کاہن ہو کر آیا تو اُس بزرگ تر اور کامل تر خیمہ کی راہ سے جو ہاتھوں کا بنا ہوا یعنی اِس دُنیا کا نہیں۔ اور بکروں اور بچھڑوں کا خون لے کر نہیں بلکہ اپنا ہی خون لے کر پاک مکان میں ایک ہی بار داخل ہو گیا اور ابدی خلاصی کروائی۔ کیونکہ جب بکروں اور بیلوں کے خون اور گائے کی راکھ ناپاکوں پر چھڑکے جانے سے ظاہری پاکیزگی حاصل ہوتی ہے۔ تو مسیح کا خون جس نے اپنے آپ کو ازلی روح کے وسیلہ سے خدا کے سامنے بے عیب قربان کر دیا تمہارے دِلوں کو مُردہ کاموں سے کیوں نہ پاک کرے گا تاکہ زندہ خدا کی عبادت کریں۔"

22 -23، ''اور تقریباً سب چیزیں شریعت کے مطابق خون سے پاک کی جاتی ہیں اور بغیر خون بہائے معافی نہیں ہوتی۔ پس ضرور تھا کہ آسمانی چیزوں کی نقلیں تو اِن کے وسیلہ سے پاک کی جائیں مگر خود آسمانی چیزیں اِن سے بہتر قربانیوں کے وسیلہ سے۔ 24 کیونکہ مسیح اُس ہاتھ کے بنائے ہوئے پاک مکان میں داخل نہیں ہوا جو حقیقی پاک مکان کا نمونہ ہے بلکہ آسمان ہی میں داخل ہوا تاکہ اب خدا کے رُوبرو ہماری خاطر حاضر ہو۔ 26 ورنہ بنای عالم سے لے کر اُس کو بار بار دُکھ اُٹھانا ضرور ہوتا مگر اب زمانوں کے آخر میں ایک بار ظاہر ہوا تاکہ اپنے آپ کو قربان کرنے سے گناہ کو مٹا دے۔ 28 اُسی طرح مسیح بھی ایک بار بہت لوگوں کے گناہ اُٹھانے کے لیے قربان ہو کر دوسری بار بغیر گناہ کے نجات کے لیے اُن کو دکھائی دیگا جو اُس کی راہ دیکھتے ہیں۔"

متّی 25: 41، ''پھر وہ دائیں طرف والوں سے کہے گا اے ملعونو میرے سامنے سے اُس ہمیشہ کی آگ میں چلے جاؤ جو ابلیس اور اُس کے فرشتوں کے لیے تیار کی گئی ہے۔"

لُوقا 15: 10، ''میں تُم سے کہتا ہوں کہ اسی طرح توبہ کرنے والے گنہگار کے باعث خدا کے فرشتوں کے سامنے خوشی ہوتی ہے۔"

حصّہ دوئم

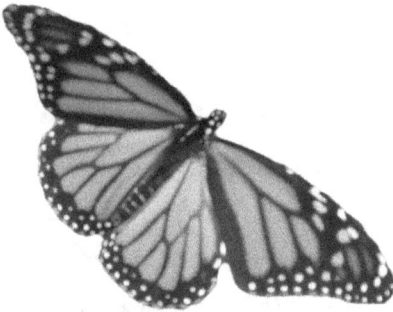

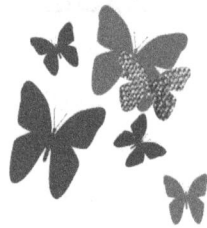

نئی پیدائش کیا ہے؟

یسوع نے ہمیں سکھایا کہ ہمیں ضرور نئے سرے سے پیدا ہونا ہے۔ یوحنا 3 :3 میں یسوع نے آدمی کو بتایا، ” میں تجھ سے سچ کہتا ہوں کہ جب تک کوئی نئے سرے سے پیدا نہ ہو جائے وہ خدا کی بادشاہی کو دیکھ نہیں سکتا۔“ یوحنا 3 :7 میں یسوع نے دوبارہ کہا، ”تمہیں نئے سرے سے پیدا ہونا ضرور ہے۔“

نئے سرے سے پیدا ہونا اور نئی پیدائش دو الفاظ ہیں جو اس مطلب کے لیے استعمال ہوتے ہیں کہ آپ اپنے آپ کو پہچانتے ہو کہ آپ گناہ گار ہو لیکن آپ اعتراف کرتے ہو کہ یسوع آپ کو بچانے کے لیے صلیب پر مرا۔ آپ اپنے گناہوں سے توبہ کرتے ہو۔ آپ مکمل طور پر اور واقعی اس بات پر ایمان رکھتے ہو کہ خدا نے یسوع مسیح کو مُردوں میں سے جلایا۔ یسوع کو نجات دہندہ اور خداوند قبول کر کے آپ خدا کی جانب آتے ہو۔ اس دلی فیصلے کے نتیجے میں آپ ایک نئی مخلوق ہو جو خدا کی بادشاہی کے لیے پیدا کی گئی ہو۔ آپ کے اندر کا شخص یسوع کے ساتھ مصلوب ہوا اور اب مُردہ ہے اور اب آپ ایک ”نئے آدمی“ ہو۔

2۔ کرنتھیوں 5: 17، ”اس لیے اگر کوئی مسیح میں ہے تو وہ نیا مخلوق ہے۔ پرانی چیزیں جاتی رہیں۔“

آپ صرف اپنے دماغ میں ایمان رکھنے سے یا منہ سے اعتراف کر لینے سے نجات نہیں پاتے۔ حقیقی نجات کے لیے آپ کو دل سے ایمان لانا ہوگا۔ رومیوں 10 - 9 :10، میں کہا گیا ہے کہ، ”اگر تُو اپنی زبان سے یسوع کے خداوند ہونے کا اقرار کرے اور اپنے دل سے ایمان لائے کہ خدا نے اُسے مُردوں میں سے جلایا تو نجات پائے گا۔ کیونکہ راستبازی کے لیے ایمان لانا دل سے ہوتا ہے اور نجات کے لیے اقرار منہ سے کیا جاتا ہے۔“

جب آپ یسوع کی نجات پاتے ہو تو آپ نئے سرے سے پیدا ہو جاتے ہو۔ آپ کے گناہ معاف کر دیے جاتے ہیں۔ آپ موت سے زندگی کی طرف لائے گئے ہو۔ آپ نئی مخلوق ہو۔ آپ خدا کے بیٹے ہو۔

آپ کے بارے نیا کیا ہے؟

حِصّہ سوئم

آپ کے بارے نیا کیا ہے؟

آیئے دیکھیے کہ آپ نئی مخلوق بن کر کیسے دکھائی دیتے ہو۔

آپ کے پاس محبت کی ایک نئی روح ہے اور پاک روح آپ کے اندر رہتا ہے۔

یہ آپ کا روح ہے جسے نیا بنایا گیا ہے۔ ظاہری پن اُس وقت تک ویسا ہی رہتا ہے جب تک آپ اسے تبدیل نہ کر لو لیکن یہ آپ کا روح ہے جو نئی پیدائش میں تبدیل ہو جاتا ہے آپ محبت، صُلح اور فضل کا دل حاصل کرتے ہو۔ روح آپ کے جسم کے اندر بسا ہوتا ہے۔ جب آپ یسوع مسیح کو قبول کرتے ہو تو یسوع مسیح پاک روح کے ذریعے آپ کے جسم کے اندر آتا ہے۔ جب آپ نئے سرے سے پیدا ہوتے ہیں تو آپ کا جسم تبدیل نہیں ہوتا اور یہ آپ پر منحصر ہے کہ آپ اپنے دماغ کو خدا کا کلام (بائبل) پڑھتے ہوئے، سیکھتے ہوئے اور اسکو نافذ کرتے ہوئے نیا بنائیں (رومیوں 2 :12)۔

رومیوں 2 -1 :12، ''پس اے بھائیو۔ میں خدا کی رحمتیں یاد دلا کر تم سے التماس کرتا ہوں کہ اپنے بدن ایسی قربانی ہونے کے لیے نذر کرو جو زندہ اور پاک اور خدا کی نیک اور پسندیدہ ہو۔ یہی تمہاری معقول عبادت ہے۔ اس اس جہان کے ہمشکل نہ بنو بلکہ عقل نئی ہو جانے سے اپنی صورت بدلتے جاؤ تا کہ خدا کی نیک اور پسندیدہ اور کامل مرضی تجربہ سے معلوم کرتے رہو۔''

2۔ کرنتھیوں 17 :5، ''اس لیے اگر کوئی مسیح میں ہے تو وہ نیا مخلوق ہے۔ پرانی چیزیں جاتی رہیں۔ دیکھو وہ نئی ہو گئیں۔''

حزقی ایل 27 - 26 :36، ''اور میں تم کو نیا دل بخشوں گا اور نئی روح تمہارے باطن میں ڈالوں گا اور تمہارے جسم میں سے سنگین دل کو نکال ڈالوں گا اور گوشتین دل تم کو عنایت کروں گا۔ اور میں اپنی روح تمہارے باطن میں ڈالوں گا اور تم سے اپنے آئین کی پیروی کراؤں گا اور تم میرے احکام پر عمل کرو گے اور ان کو بجا لاؤ گے۔''

رومیوں 2 - 1 :5، ''پس جب ہم ایمان سے راستباز ٹھہرے تو خدا کے ساتھ اپنے خداوند یسوع مسیح کے وسیلہ سے صُلح رکھیں۔ جس کے وسیلہ سے ایمان کے سبب سے اُس فضل تک ہماری رسائی بھی ہوئی جس پر قائم ہیں اور خدا کے جلال کی اُمید پر فخر کریں۔''

رومیوں 5 :5، ''اور اُمید سے شرمندگی حاصل نہیں ہوتی کیونکہ کہ روح القدس جو ہم کو بخشا گیا ہے اُس کے وسیلہ سے خدا کی محبت ہمارے دلوں میں ڈالی گئی۔''

رومیوں 8 :5، ''لیکن خدا اپنی محبت کی خوبی ہم پر یوں ظاہر کرتا ہے کہ جب ہم گناہ گار ہی تھے تو مسیح ہماری خاطر

ہوا"

1۔یوحنا 3: 16، ''ہم نے محبت کو اسی سے جانا ہے کہ اُس نے ہمارے واسطے اپنی جان دے دی اور ہم پر بھی بھائیوں کے واسطے جان دینا فرض ہے۔"

1۔پطرس 1: 22- 23، ''چونکہ تم نے حق کی تابعداری سے اپنے دلوں کو پاک کیا ہے جس سے بھائیوں کی بے ریا محبت پیدا ہوتی اس لیے دل وجان سے آپس میں بہت محبت رکھو۔ کیونکہ تم فانی تخم سے نہیں بلکہ غیر فانی سے خدا کے وسیلہ سے جو زندہ اور قائم ہے نئے سر سے سے پیدا ہوئے ہو۔"

آپ کا نیا باپ اور نیا خاندان ہے۔

جب آپ یسوع مسیح کو اپنا نجات دہندہ اور خدا قبول کرتے ہو تو آپ ایک نئے خاندان کا حصہ بن جاتے ہو۔ یہ خاندان خدا، چرچ اور کلیسیا ہے۔ اس خاندان کا سربراہ یسوع مسیح ہے اور خدا اُس کا اور ہمارا باپ ہے۔ دوسرے ایمان دار مسیح یسوع میں آپ کے بہن بھائی ہیں۔

یوحنا 1: 12 - 13، ''لیکن جتنوں نے اُسے قبول کیا اُس نے انہیں خدا کے فرزند بننے کا حق بخشا یعنی انہیں جو اُس کے نام پر ایمان لاتے ہیں۔ وہ نہ خون سے نہ جسم کی خواہش سے نہ انسان کے ارادہ سے بلکہ خدا سے پیدا ہوئے۔"

اعمال 2: 47، ''اور خدا کی حمد کرتے اور سب لوگوں کو عزیز تھے اور جو نجات پاتے تھے اُن کو خداوند ہر روز اُن میں ملا دیتا تھا۔

2۔کرنتھیوں 6: 18، ''اور تمہارا باپ ہوں گا اور تم میرے بیٹے بیٹیاں ہو گے۔"

رومیوں 8: 14 - 16، ''اس لیے جتنے خدا کی ہدایت سے چلتے ہیں وہی خدا کے بیٹے ہیں۔ کیونکہ تم کو غلامی کی روح نہیں ملی جس سے پھر ڈر پیدا ہو بلکہ لے پالک ہونے کی روح ملی ہے جس سے ہم ابا یعنی اے باپ کہہ کر پکارتے ہیں۔ روح خود ہماری روح کے ساتھ مل کر گواہی دیتا ہے کہ ہم خدا کے فرزند ہیں۔"

افسیوں 1: 22 - 23، ''اور سب کچھ اُس کے پاؤں تلے کر دیا اور اُس کو سب چیزوں کا سردار بنا کر کلیسیا کو دے دیا۔ یہ اُس کا بدن ہے اور اُسی کی معموری جو ہر طرح سے سب کا معمور کرنے والا ہے۔"

☆ آپ کے پاس ایک نئی میراث ہے۔

یسوع خدا کا اکلوتا بیٹا تھا اور آپ خدا کی وراثت ہو اور یسوع کے ساتھ شریک وراثت ہو۔

آپ کو وراثت میں خدا کی بادشاہی، ابدی زندگی اور خدا کے وعدے ملتے ہیں۔

رومیوں 8: 15 - 17، ''کیونکہ تم کو غلامی کی روح نہیں ملی جس سے پھر ڈر پیدا ہو بلکہ لے پالک ہونے کی روح ملی ہے جس سے ہم ابا یعنی اے باپ کہہ کر پکارتے ہیں۔ روح خود ہماری روح کے ساتھ مل کر گواہی دیتا ہے کہ ہم خدا کے فرزند ہیں۔ اور اگر فرزند ہیں تو وارث بھی ہیں یعنی خدا کے وارث اور مسیح کے ہم وارث بشرطیکہ ہم اُس کے ساتھ دُکھ اُٹھائیں تا کہ اُس کے ساتھ جلال بھی پائیں۔''

1۔ پطرس 1: 3 - 5، ''ہمارے خداوند یسوع مسیح کے خدا اور باپ کی حمد ہو جس نے یسوع مسیح کو مُردوں میں سے جی اُٹھنے کے باعث اپنی بڑی رحمت سے ہمیں زندہ اُمید کے لیے نئے سرے سے پیدا کیا تا کہ ایک غیر فانی اور بے داغ اور لازوال میراث کو حاصل کریں۔ وہ تمہارے واسطے (جو خدا کی قدرت سے ایمان کے وسیلہ سے اُس نجات کے لیے جو آخری وقت میں ظاہر ہونے کو تیار ہے محفوظ کیے جاتے ہو) آسمان پر محفوظ ہے۔

متی 25: 34، ''اُس وقت بادشاہ اپنی دہنی طرف والوں سے کہے گا آؤ میرے باپ کے مبارک لوگو جو بادشاہی بنای عالم سے تمہارے لیے تیار کی گئی ہے اُسے میراث میں لو۔''

عبرانیوں 1: 1 - 2، ''اگلے زمانہ میں خدا نے باپ دادا سے حصہ بہ حصہ اور طرح بہ طرح نبیوں کی معرفت کلام کر کے اس زمانہ کے آخر میں ہم سے بیٹے کی معرفت کلام کیا جسے اُس نے عالم بھی پیدا کیے۔''

گلتیوں 4: 7، ''پس اب تُو غلام نہیں بیٹا ہے اور جب بیٹا ہوا تو خدا کے وسیلہ سے وارث بھی ہوا۔''

☆ ابدیت کے لیے خدا کی بادشاہی میں آپ کی نئی شہریت ہے۔

آپ کی یسوع مسیح کو نجات دہندہ اور خداوند قبول کرنے کی چوائس آپ کو خدا کی بادشاہی کا شہری بنا دیتی ہے نہ کہ دوزخ کا شہری۔ دوزخ ایک بھیانک جگہ ہے جو بیان سے باہر ہے۔ یہ ہمیشہ تک اذیت دینے والی جگہ ہے اگر کوئی آدمی وہاں چلا جاتا ہے تو باہر آنے کا راستہ نہیں ہے۔ یہ تکلیف اُن لوگوں کے لیے ہے جنہوں نے انجیل مقدس کو قبول کرنے سے انکار کر دیا۔

اگر پاک روح آپ کو دوزخ کے بارے میں اُبھارتا ہے تو آپ کو ایسا بتانے کی ضرورت ہے۔ خدا نے دوزخ شیطان اور اُس کے فرشتوں کے لیے بنائی ہے لیکن جو لوگ یسوع مسیح کا انکار کر رہے ہیں در اصل وہ لوگ شیطان کی پیروی کرنے کا انتخاب کر رہے ہیں اور دوزخ میں جانے کا فیصلہ کر رہے ہیں۔ (دوزخ کے بارے میں حوالہ جات اس سیکشن کے آخر میں پڑھیے گا)

خدا کی بادشاہی اتنی جاہ و جلال والی ہے کہ بیان سے باہر ہے۔ خدا کی بادشاہی کے بارے میں سب حوالے پڑھیں اور ان پر غور کریں۔

خدا کی بادشاہی کے بارے میں حوالہ جات:

یوحنا 14:2، ''میرے باپ کے گھر میں بہت سے مکان ہیں۔ اگر نہ ہوتے تو میں تم سے کہہ دیتا کیونکہ میں جاتا ہوں تاکہ تمہارے لیے جگہ تیار کروں۔"

اِفسیوں 2:6-7، ''اور مسیح یسوع میں شامل کر کے ساتھ جلایا اور آسمانی مقاموں پر اُس کے ساتھ بٹھایا تاکہ وہ اپنی مہربانی سے جو مسیح یسوع میں ہم پر ہے آنے والے زمانوں میں اپنے فضل کی بے نہایت دولت دکھائے۔"

کُلسیوں 1:5، ''اُس اُمید کی ہوئی چیز کے سبب سے جو تمہارے واسطے آسمان پر رکھی ہوئی ہے جس کا ذکر تم اُس خوشخبری کے کلامِ حق میں سُن چکے ہو۔"

مُکاشفہ 7:9، ''اِن باتوں کے بعد جو میں نے نِگاہ کی تو کیا دیکھتا ہوں کہ ہر ایک قوم اور قبیلہ اور اُمت اور اہلِ زبان کی ایک ایسی بڑی بھیڑ جسے کوئی شمار نہیں کر سکتا سفید جامے پہنے اور کھجور کی ڈالیاں اپنے ہاتھوں میں لیے ہوئے تخت اور برّہ کے آگے کھڑی ہے۔"

مُکاشفہ 21:4، ''اور وہ اُن کی آنکھوں کے سب آنسو پونچھ دے گا۔ اِس کے بعد نہ موت رہے گی اور نہ ماتم رہے گا۔ نہ آہ و نالہ نہ درد۔ پہلی چیزیں جاتی رہیں۔"

مُکاشفہ 22:3، 5، 14، ''اور پھر لعنت نہ ہوگی اور خدا اور برّہ کا تخت اُس شہر میں ہوگا اور اُس کے بندے اُس کی عبادت کریں گے۔ اور پھر رات نہ ہوگی اور وہ چراغ اور سورج کی روشنی کے محتاج نہ ہوں گے کیونکہ خداوند خدا اُن کو روشن کرے گا اور وہ ابدالآباد بادشاہی کریں گے۔"

دوزخ کے بارے میں حوالہ جات:

متی 5:22، ''لیکن میں تم سے یہ کہتا ہوں کہ جو کوئی اپنے بھائی پر غصہ ہوگا وہ عدالت کی سزا کے لائق ہوگا اور جو کوئی اپنے بھائی کو پاگل کہے گا وہ صدرِ عدالت کی سزا کے لائق ہوگا اور جو اُس کو احمق کہے گا وہ آتشِ جہنم کا سزاوار ہوگا۔"

مرقس 9:47-48، ''اور اگر تیری آنکھ تجھے ٹھوکر کھلائے تو اُسے نکال ڈال۔ کانا ہو کر خدا کی بادشاہی میں داخل ہونا تیرے لیے اس سے بہتر ہے کہ دو آنکھیں ہوتے ہوئے جہنم میں ڈالا جائے۔ جہاں نہ اُن کا کیڑا مرتا ہے اور آگ نہیں بُجھتی۔"

متی 25:30، ''اور اس نکمے نوکر کو باہر اندھیرے میں ڈال دو۔ وہاں رونا اور دانت پیسنا ہوگا۔"

لُوقا 12:5، ''لیکن میں تمہیں جتاتا ہوں کہ کس سے ڈرنا چاہیے۔ اُس سے ڈرو جس کو اختیار ہے کہ قتل کرنے

کے بعد جہنم میں ڈالے۔ ہاں میں تُم سے کہتا ہوں اُسی سے ڈرو۔

☆ آپ کے پاس نئی زندگی ہے

آپ کی نئی زندگی اُس وقت شروع ہوتی ہے جب آپ نئے سرے سے پیدا ہوتے ہو۔ یسوع مسیح میں موت نہ تھی کیونکہ وہ مریم سے پاک روح کے ذریعے سے پیدا ہوا لیکن یسوع نے خود ہمارے گناہ اپنے اُوپر لے لیے۔ یسوع ہمارے لیے مرا، اُس کا خون بہا اور اُس کی موت نے ہمیں زندہ کر دیا۔

یہ یسوع مسیح کے ذریعے خُدا کے فضل ہے کہ اُس نے آپ کو زندگی دی۔ خُدا ایک اچھے اور ابدی زندگی حاصل کرنے کا یسوع کے علاوہ کوئی راستہ نہیں۔ کوئی فرق نہیں پڑتا کہ آپ نے کتنی زیادہ یا کم چیزیں اپنی زندگی میں جمع کیں یا کتنی شہرت حاصل کی یا کتنی آپ نے کامیابیاں حاصل کیں۔ یہ سب چیزیں آپ کو ہمیشہ کی زندگی نہیں دیں گی۔ آپ کی نجات اس بات پر منحصر ہے کہ آیا آپ نے یسوع کو اپنا نجات دہندہ اور خُدا قبول کیا! یسوع آپ کے اندر رہتا ہے۔

1۔ پطرس 24 :2، ''وہ ہمارے گناہوں کو اپنے بدن پر لیے ہوئے صلیب پر چڑھ گیا تا کہ ہم گناہوں کے اعتبار سے مر کر راستبازی کے اعتبار سے جئیں اور اُسی کے مار کھانے سے تُم نے شفا پائی۔''

یوحنا 16 :3، ''کیونکہ خُدا نے دُنیا سے ایسی مُحبت رکھی کہ اُس نے اپنا اکلوتا بیٹا بخش دیا تا کہ جو کوئی اُس پر ایمان لائے ہلاک نہ ہو بلکہ ہمیشہ کی زندگی پائے۔''

2۔ تیمتھیس 10 :1، ''مگر اب ہمارے منجی مسیح یسوع کے ظہور سے ظاہر ہوا جس نے موت کو نیست اور زندگی اور بقا کو اُس خوشخبری کے وسیلہ سے روشن کر دیا۔''

☆ برّے کی کتاب میں آپ کا نام ہے

جب آپ نئے سرے سے پیدا ہوتے ہیں (بپتسمہ لیتے ہیں) تو آپ کا نام برّے کی کتاب میں لکھ دیا جاتا ہے۔ ابدی زندگی حاصل کرنے کے لیے آپ کا برّے کی کتاب کے اندر نام ہونا ضرور ہے۔

لُوقا 20 :10، ''تو بھی اس سے خوش نہ ہو کہ روحیں تُمہارے تابع ہیں بلکہ اس سے خوش ہو کہ تُمہارے نام آسمان پر لکھے ہوئے ہیں۔''

مکاشفہ 27 :21، ''اور اُس میں کوئی ناپاک چیز یا کوئی شخص جو گھنونے کام کرتا یا جھوٹی باتیں گھڑتا ہے ہرگز داخل نہ ہوگا مگر وہی جن کے نام برّہ کی کتاب حیات میں لکھے ہوئے ہیں۔''

☆ خُدا اور آپ کے درمیان ایک سردار کاہن، درمیانی اور شفاعت کرنے والا ہے

یسوع مسیح اور پاک روح آپ کے لیے دُعا کر رہے ہیں۔ اسکا مطلب وہ آپ کی جگہ دُعا کر رہے ہیں۔

رومیوں 27 - 26 :8، ''اسی طرح روح بھی ہماری کمزوری میں مدد کرتا ہے جس طرح سے ہم کو دُعا کرنی چاہیے ہم نہیں جانتے مگر روح خود ایسی آہیں بھر بھر کر ہماری شفاعت کرتا ہے جس کا بیان نہیں ہو سکتا۔ اور دلوں کا پرکھنے والا جانتا ہے کہ روح کی کیا نیت ہے کیونکہ وہ خدا کی مرضی کے موافق مقدسوں کی شفاعت کرتا ہے۔''

رومیوں 34 :8، ''کون ہے جو مجرم ٹھہرائے گا؟ مسیح یسوع وہ ہے جو مر گیا بلکہ مُردوں میں سے جی اُٹھا اور خدا کی دہنی طرف ہے اور ہماری شفاعت بھی کرتا ہے۔''

1۔ تیمتھیس 5 :2، ''کیونکہ خدا ایک ہے اور خدا اور انسان کے بیچ میں درمیانی بھی ایک ہے یعنی مسیح یسوع جو انسان ہے۔''

عبرانیوں 25 :7، ''اسی لیے جو اس کے وسیلہ سے خدا کے پاس آتے ہیں وہ انہیں پوری پوری نجات دے سکتا ہے کیونکہ وہ اُن کی شفاعت کے لیے ہمیشہ زندہ ہے۔''

☆ آپ کے پاس قوت اور اختیار ہے۔

یسوع مسیح نے بہت شاندار کام کیے اور قدرتی عناصر، بد روحوں، لوگوں کی جسمانی حالت جیسا کہ بیماریوں اور امراض پر بہت زیادہ قوت اور اختیار استعمال کیا۔ یسوع مسیح ہمیں شفا دینے والا ہے اور ایمان داروں کو کثرت کی زندگی دینے آیا ہے۔ یسوع نے ہمیں بھی یہ طاقت دی اور اختیار کو اپنے نام میں استعمال کرنے کی اجازت دی۔

ایمان دار ہوتے ہوئے آپ سے یہ توقع کی جاتی ہے کہ شیطان اور بد روحوں پر وہ طاقت اور اختیار استعمال کریں جو خدا نے آپ کو دیے۔ آپ کے دشمن دوسرے لوگ نہیں ہیں بلکہ وہ بد روحیں ہیں جو لوگوں کے ذریعے کام کر رہی ہیں یہ بد روحیں اُن لوگوں میں آتی ہیں جو اپنا آپ بد روحوں کے لیے کھول دیتے ہیں۔ جس طرح یسوع مسیح معجزات کیا کرتے تھے اسی طرح یسوع مسیح ہم سے بھی کہتے ہیں کہ ہم اس سے بڑے کام کریں گے۔ آج آپ زمین پر یسوع مسیح کے منہ، ہاتھ اور پاؤں ہو آپ یسوع مسیح کے سفیر ہو۔ آپ بادشاہوں کے بادشاہ اور خداوندوں کے خدا کے نمائندہ ہو!

مہربانی فرما کر اس بات کو نوٹ کریں کہ خدا نے وہ سب پہلے ہی کر دیا ہے جس کی آپ کی زندگی کو ضرورت تھی۔ یہ آپ پر منحصر ہے کہ آپ وہ سب لے لیں جو خدا نے دیا اور مہیا کیا ہے۔ جو خدا نے آپ کو دیا جب آپ اُسے لیتے ہو، پکڑتے اور حاصل کرتے ہو اور شیطان کو اجازت نہیں دیتے کہ آپ جھوٹ بولو تو آپ فتح مند بن جاتے ہو۔

متی 35 :9، ''اور یسوع سب شہروں اور گاؤں میں پھرتا رہا اور اُن کے عبادت خانوں میں تعلیم دیتا اور بادشاہی کی منادی کرتا اور ہر طرح کی بیماری اور ہر طرح کی کمزوری دور کرتا رہا۔''

یوحنا 10 :10، ''چور نہیں آتا مگر چرانے اور مار ڈالنے اور ہلاک کرنے کو۔ میں اس لیے آیا ہوں کہ وہ زندگی پائیں اور کثرت سے پائیں۔''

متی 20 -18 :28، ''یسوع نے پاس آ کر اُن سے باتیں کیں اور کہا کہ آسمان اور زمین کا کُل اختیار مجھے دیا گیا ہے۔ پس تُم جا کر سب قوموں کو شاگرد بناؤ اور اُن کو باپ اور بیٹے اور روح القدس کے نام سے بپتسمہ دو۔ اور اُن کو یہ تعلیم دو کہ اُن سب باتوں پر عمل کریں جن کا میں نے تُم کو حُکم دیا اور دیکھو میں دُنیا کے آخر تک تُمہارے ساتھ ہوں''

مرقس 18 - 15 :16، ''اور اُس نے اُن سے کہا کہ تُم تمام دُنیا میں جا کر ساری خلق کے سامنے انجیل کی منادی کرو۔ جو ایمان لائے اور بپتسمہ لے وہ نجات پائے گا اور جو ایمان نہ لائے وہ مُجرم ٹھہرایا جائے گا۔ اور ایمان لانے والوں کے درمیان یہ معجزے ہوں گے۔ وہ میرے نام سے بد روحوں کو نکالیں گے۔ نئی نئی زبانیں بولیں گے۔ سانپوں کو اُٹھا لیں گے اور اگر کوئی ہلاک کرنے والی چیز پئیں گے تو اُنہیں ضرر نہ پہنچے گا۔ وہ بیماروں پر ہاتھ رکھیں گے تو وہ اچھے ہو جائیں گے۔''

1۔ یوحنا 4 :4، ''اے بچو! تُم خُدا سے ہو اور اُن پر غالب آ گئے ہو کیونکہ جو تُم میں ہے وہ اُس سے بڑا ہے جو دُنیا میں ہے۔''

یوحنا 12 :14، ''میں تُم سے سچ کہتا ہوں کہ جو مُجھ پر ایمان رکھتا ہے یہ کام جو میں کرتا ہوں وہ بھی کرے گا بلکہ اِن سے بھی بڑے کام کرے گا کیونکہ میں باپ کے پاس جاتا ہوں۔''

☆ آپ کی نئی خواہشات ہیں۔

آپ کی نئی خواہشات خُدا اور یسوع کو پیار کرنے اور اُس کی خدمت کرنے کی خواہشات ہیں، دوسروں کو محبت کرنے اور خُدا کا حُکم ماننے کی خواہشات ہیں۔ کیونکہ ان خواہشات کی وجہ سے سب نے نجات پائی اور ہو سکتا ہے کہ آپ کا پُرانا دوست ملا ہو اور آپ کی تعریف نہ کی ہو، اِن سرگرمیوں میں آپ کی حصہ لینے کی خواہش نہ ہو جو آپ پہلے کرتے رہے ہوں۔

اگر وہ لوگ جن کو آپ محبت کرتے ہو آپ کی بات سُننے کو تیار نہ ہوں تو اس بات پر حیران نہ ہوں۔ اس بات کو جس کا تجربہ آپ نے نئی پیدائش (بپتسمہ) کے ذریعے کیا کہ آپ نے غالباً یہ دیکھا ہو گا کہ آپ کے دوست اور خاندان آپ سے ''منہ موڑ'' لیتے ہیں اور آپ سے دور جانا چاہتے ہیں۔ حوصلہ رکھو! یا اُن کے لیے ڈراونا ہو سکتا ہے ہو سکتا ہے کہ وہ آپ کے ''نئے پن'' کو نہ سمجھ پا سکتے ہوں۔ اِن کے لیے دُعا کریں کہ اُن کی آنکھیں اور کان یسوع مسیح کی انجیل کے لیے کھُل جائیں اور جس کو خُدا کے متعلق بتاتے ہو تو آپ کے لیے بھی اُن کی آنکھیں اور کان کھُل جائیں۔ اُن

سے محبت رکھو اور صبر کرو!

کیا آپ اس سچائی کو جو یسوع مسیح کے بارے میں سیکھ رہے ہو دوسروں کو بتانے سے کتراتے ہو کہ وہ ناراض ہو جائیں گے؟ ایسا بالکل نہیں ہے! جب یسوع نے خدا کی بادشاہی کی منادی کی تو انہوں نے لوگوں کو ناراض کیا خاص کر مذہبی لوگوں کو۔ لیکن ناراض ہونا دوسرے لوگوں کی مرضی تھی۔ آپ یہ بتانا چاہو گے کہ آپ کے ساتھ کیا ہونا ہے اور خدا کی بزرگی اور فضل کے بارے میں بتانا چاہو گے۔ دراصل یسوع نے ہمیں ایسا کرنے کا حکم دیا۔ یسوع کی خوشخبری ہمارے نجات دہندہ اور رہائی دینے والے کی انجیل ہے۔ دوسروں کو یسوع مسیح کے بارے میں بتانا منادی کی ایک قسم ہے۔

متی 20 - 19 :28، ''پس تم جا کر سب قوموں کو شاگرد بناؤ اور اُن کو باپ اور بیٹے اور روح القدس کے نام سے بپتسمہ دو۔ اور اُن کو یہ تعلیم دو کہ اُن سب باتوں پر عمل کریں جن کا میں نے تم کو حکم دیا۔ دیکھو میں دُنیا کے آخر تک ہمیشہ تمہارے ساتھ ہوں۔''

مرقس 15 :16، ''اور اُس نے اُن سے کہا کہ تم تمام دُنیا میں جا کر ساری خلق کے سامنے انجیل کی منادی کرو۔''

آپ کے جسموں میں روح بسا ہوا ہے اور ہم میں ہر ایک کے پاس روح ہے۔ یسوع مسیح کو نجات دہندہ اور خدا قبول کرنے سے پہلے، آپ کی جسم کو خوش کرنے کی خواہشات تھیں، لیکن ''نئی روح'' کے ساتھ آپ نے اس بات کی خواہش کرنا شروع کر دی جو خدا کو خوش کرتی ہے۔

رومیوں 5 :8۔۔۔۔۔۔

آپ کی خواہشات خدا کی مرضی کے مطابق ہوں گی جب آپ خدا کو اجازت دیتے ہو کہ وہ آپ کو پاک روح سے بھرے۔ خدا کا آپ کی زندگی کے لیے منصوبہ ہے اور وہ اُن منصوبوں کو آپ پر مرحلہ وار ظاہر کرے گا تا کہ آپ اُس سے محبت رکھو۔

رومیوں 6 -5 :8، ''کیونکہ جو جسمانی ہیں وہ جسمانی باتوں کے خیال میں رہتے ہیں لیکن جو روحانی ہیں وہ روحانی باتوں کے خیال میں رہتے ہیں۔ اور جسمانی نیت موت ہے مگر روحانی نیت زندگی اور اطمینان ہے۔''

یرمیاہ 13 -11 :29، ''کیونکہ میں تمہارے حق میں اپنے خیالات کو جانتا ہوں خداوند فرماتا ہے یعنی سلامتی کے خیالات۔ برائی کا نہیں تا کہ میں تم کو نیک انجام کی اُمید بخشوں۔ تب تم میرا نام لو گے اور مجھ سے دُعا کرو گے اور میں تمہاری سنوں گا۔ اور تم مجھے ڈھونڈو گے اور پاؤ گے جب پورے دل سے میرے طالب ہو گے۔''

زبور 24 -23 :37، ''انسان کی روشیں خداوند کی طرف سے قائم ہیں اور وہ اُس کی راہ سے خوش ہے۔ اگر وہ

بگر بھی جائے تو پڑا نہ رہیگا کیونکہ خداوند اُسے اپنے ہاتھ سے سنبھالتا ہے۔"

☆ آپ مغلوب کرنے والے ہو۔

ان حوالہ جات کو یہ جاننے کے لیے پڑھیں کہ آپ مسیح میں کون ہو۔

1۔ یوحنا 5 :4- 5، "جو کوئی خدا سے پیدا ہوا ہے وہ دُنیا پر غالب آتا ہے اور وہ غلبہ جس سے دُنیا مغلوب ہوئی ہمارا ایمان ہے دُنیا کا مغلوب کرنے والا کون ہے سوا اُس شخص کے جس کا یہ ایمان ہے کہ یسوع خدا کا بیٹا ہے؟"

رومیوں 8 :37، "مگر اُن سب حالتوں میں اُس کے وسیلہ سے جس نے ہم سے مُحبت کی ہم کو فتح سے بھی بڑھ کر غلبہ حاصل ہوتا ہے۔"

1۔ کرنتھیوں 15 :57، "مگر خدا کا شکر ہے جو ہمارے خداوند یسوع مسیح کے وسیلہ سے ہم کو فتح بخشتا ہے۔"

☆ آپ کے پاس نئے امکانات ہیں۔

آپ جو اپنی طاقت، حکمت اور قابلیتوں سے کر سکتے ہو اس میں آپ محدود ہو، لیکن جب آپ کے اندر یسوع مسیح ہو تو آپ جتنا کہ تصور کر سکتے ہو اس سے بھی زیادہ کر سکتے ہو آپ کی دُعائیں اپنے لیے اور دوسروں کے لیے بہت بڑے کام کریں گی۔ آپ کا پیار دوسروں کو زندگی دے گا۔ جب خدا کا کلام اور یسوع کی انجیل کی منادی کروگے تو اس سے نجات اور رہائی بہت سے لوگوں کو ملے گی۔ خدا کے گرد جا کر اُس کو اس بات کی اجازت دیں کہ وہ آپ کی نعمتیں اور قوت بڑھائے۔

متی 19 :26، "یسوع نے اُن کی طرف دیکھ کر کہا کہ یہ آدمیوں سے تو نہیں ہو سکتا لیکن خدا سے سب کچھ ہو سکتا ہے۔"

فلپیوں 4 :13، "جو مجھے طاقت بخشتا ہے اُس میں میں سب کچھ کر سکتا ہوں۔"

متی 7 :7- 11، "مانگو تو تم کو دیا جائے گا۔ ڈھونڈو گے تو پاؤ گے۔ دروازہ کھٹکھٹاؤ گے تو تمہارے واسطے کھولا جائے گا۔ کیونکہ جو کوئی مانگتا ہے اُسے ملتا ہے اور جو ڈھونڈتا ہے وہ پاتا ہے اور جو کھٹکھٹاتا ہے اُس کے واسطے کھولا جائے گا۔ تم میں سے ایسا کونسا آدمی ہے کہ اگر اُس کا بیٹا اُس سے روٹی مانگے تو اُسے پتھر دے؟ یا اگر مچھلی مانگے تو اُسے سانپ دے؟ پس جب تم بُرے ہو کر اپنے بچوں کو اچھی چیزیں دینا جانتے ہو تو تمہارا باپ جو آسمان پر ہے اپنے مانگنے والوں کو اچھی چیزیں کیوں نہ دے گا؟"

☆ آپ نئی آواز سکتے ہو۔

بہت سی آوازیں ہیں جن کو ہم سن سکتے ہیں اور پیروی کر سکتے ہیں۔ بے شک آپ کی اپنی آواز ہے دوسروں کی آواز

ہے شیطان کی آواز ہے اوراب نئی آوازہماری آسمانی باپ کی آواز ہے۔ مسلسل سچائی اورخدا کی آواز اورپاک روح کو سیکھنے کی خواہش سے آپ یہ خیال رکھنا سیکھ سکتے ہیں کہ کون سی آواز آپ سے بول رہی ہے۔

یوحنا 5 -3 :10، ''اُس کے لیے دربان دروازہ کھول دیتا ہے اور بھیڑیں اُس کی آواز سنتی ہیں اوروہ اپنی بھیڑوں کونام بنام پکارکرباہر لے جاتا ہے۔ جب وہ اپنی سب بھیڑوں کو باہر نکال چکتا ہے تو اُن کے آگے آگے چلتا ہے اور بھیڑیں اُس کے پیچھے پیچھے ہو لیتی ہیں کیونکہ وہ اُس کی آواز پہچانتی ہیں۔ مگر وہ غیر شخص کے پیچھے نہ جائیں گی بلکہ اُس سے بھاگیں گی کیونکہ غیروں کی آواز نہیں پہچانتی۔''

یوحنا 28 -27 :10، ''میری بھیڑیں میری آواز سنتی ہیں اور میں اُنہیں جانتا ہوں اوروہ میرے پیچھے پیچھے چلتی ہیں۔ اور میں اُنہیں ہمیشہ کی زندگی بخشتا ہوں اور وہ ابد تک کبھی ہلاک نہ ہوں گی اور کوئی اُنہیں میرے ہاتھ سے چھین نہ لے گا۔''

☆ آپ کے پاس سے ہتھیار محفوظ اورغلاف ہے۔

جب آپ نئے سرے سے پیدا ہوئے (بپتسمہ لیا) آپ نے کھڑے ہونے کے لیے خدا کے سب ہتھیار باندھ لیے۔ اگر آپ باپ (خدا) اوریسوع مسیح کے پاس ٹھہرتے ہیں تو آپ محفوظ کی جگہ پر ہیں۔ زبور 91 پڑھیں اور مطالعہ کریں۔

نیو کنگ جیمس ترجمہ میں اس زبور کوشاعرانہ طور پر بیان کیا گیا ہے۔ لیکن یہاں یہ نثر کی صورت میں دیا گیا ہے۔

زبور 16 -1 :91

جو حق تعالیٰ کے پردہ میں رہتا ہے۔

وہ قادرِ مطلق کے سایہ میں سکونت کرے گا۔

میں خداوند کے بارے میں کہوں گا وہ میری پناہ اور میرا گڑھ ہے۔

وہ میرا خدا ہے جس پر میرا توکل ہے کیونکہ وہ تجھے صیاد کے پھندے سے اور مہلک وبا سے چھڑائے گا۔

اور تجھے اُس کے بازوؤں کے نیچے پناہ ملے گی۔

اُس کی سچائی ڈھال اور سپر ہے۔

تُو نہ رات کی ہیبت سے ڈرے گا نہ دن کو اُڑنے والے تیر سے۔

نہ اُس وبا سے جو اندھیرے میں چلتی ہے نہ اُس ہلاکت سے جو دوپہر کو ویران کرتی ہے۔

تیرے آس پاس ایک ہزار گر جائیں گے اور تیرے داہنے ہاتھ کی طرف دس ہزار لیکن وہ تیرے نزدیک نہ آئے گی۔

لیکن تُو اپنی آنکھوں سے نگاہ کرے گا اور شریروں کے انجام کو دیکھے گا۔

پر تُو اے خُداوند! میری پناہ ہے!

تُو نے حق تعالیٰ کو اپنا مسکن بنا لیا ہے۔

تجھ پر کوئی آفت نہیں آئے گی اور کوئی وبا تیرے خیمہ کے نزدیک نہ پہنچے گی۔

کیونکہ وہ تیری بابت اپنے فرشتوں کو حکم دے گا کہ تیری سب راہوں میں تیری حفاظت کریں۔

وہ تجھے اپنے ہاتھوں پر اُٹھا لیں گے تا کہ ایسا نہ ہو کہ تیرے پاؤں کو پتھر سے ٹھیس لگے۔

تُو شیر ببر اور افعی کو روندے گا۔

تُو جوان شیر اور اژدھا کو پامال کرے گا۔

چونکہ اُس نے مجھ سے دل لگایا ہے اسی لیے میں اُسے چھڑاؤں گا۔

میں اُسے سرفراز کروں گا کیونکہ اُس نے میرا نام پہچانا ہے۔

وہ مجھے پکارے گا اور میں اُسے جواب دوں گا۔

میں مصیبت میں اُس کے ساتھ رہوں گا۔

میں اُسے چھڑاؤں گا اور عزت بخشوں گا۔

میں اُسے عمر کی درازی سے آسودہ کروں گا۔

اور اپنی نجات اُسے دکھاؤں گا۔

اس افسیوں کے حوالہ میں یہ الفاظ نوٹ کریں۔

افسیوں 6: 10- 18، ''غرض خُداوند میں اور اُس کی قُدرت کے زور میں مضبوط ہو۔ خُدا کے سب ہتھیار باندھ لو تا کہ تُم ابلیس کے منصوبوں کے مُقابلہ میں قائم رہ سکو۔ کیونکہ ہمیں خون اور گوشت سے کُشتی نہیں کرنا بلکہ حکومت والوں اور اختیار والوں اور اس دُنیا کی تاریکی کے حاکموں اور شرارت کی اُن روحانی فوجوں سے جو آسمانی مقاموں میں ہیں۔ اِس واسطے تُم خُدا کے سب ہتھیار باندھ لو تا کہ بُرے دن میں مُقابلہ کر سکو اور سب کاموں کو انجام دے کر قائم رہ سکو۔ پس سچائی سے اپنی کمر کس کر اور راستبازی کا بکتر لگا کر۔ اور پاؤں میں صُلح کی خوشخبری کی تیاری کے جوتے پہن کر۔ اور اُن سب کے ساتھ ایمان کی سپر لگا کر قائم رہو۔ جس سے تُم اس شریر کے سب جلتے ہوئے تیروں کو بُجھا سکو۔ اور نجات کا خود اور روح کی تلوار جو خُدا کا کلام ہے لے لو۔ اور ہر وقت اور ہر طرح سے روح میں دُعا اور منت کرتے رہو اسی غرض سے جاگتے رہو کہ سب مُقدسوں کے واسطے بِلا ناغہ دُعا کیا کرو۔''

☆ آپ کی ای خوشبو ہے۔

کیا آپ جانتے ہو کہ آپ یسوع مسیح کی خوشبو ہو؟ وہ شخص جو یسوع کا پیغام دوسروں تک پہنچاتا ہے اور وہ جو اُس کا پیار ظاہر کرتا ہے تو وہ خوشبو خارج کرتا ہے۔ گناہ گار جو یسوع کا انکار کر کے موت کو قبول کرتے ہیں وہ یسوع کی قربانی کے علم اور آپ کی خوشبو کو پسند نہیں کرتے۔

وہ لوگ جو آپ کو رد کرتے ہیں دراصل وہ اس لیے آپ کو رد کرتے ہیں کہ آپ میں یسوع کی مہک، روشنی اور یسوع کا روح رہتا ہے دراصل وہ آپ میں موجود یسوع کو رد کر رہے ہیں۔ اس رد کیے جانے سے آپ کو ناراض نہیں ہونا چاہیے کیونکہ یہ شخص یسوع مسیح ہے جسے وہ رد کر رہے ہیں نہ کہ شخصی طور پر آپ کو۔ فضل اور محبت میں چلو اور ایسے شخص کے لیے دعا کرو کہ وہ تبدیل ہو جائے۔ یاد رکھیے کہ خدا اُن سے محبت کرتا ہے اور اُن میں کام کر رہا ہے حتیٰ کہ اُس وقت بھی جب یہ لوگ خدا سے محبت نہیں کر رہے ہوتے۔

2۔کرنتھیوں 2: 14- 16، "مگر خدا کا شکر ہے جو مسیح میں ہم کو ہمیشہ اسیروں کی طرح گشت کراتا ہے اور اپنے علم کی خوشبو ہمارے وسیلہ سے ہر جگہ پھیلاتا ہے۔ کیونکہ ہم خدا کے نزدیک نجات پانے والوں اور ہلاک ہونے والوں دونوں کے لیے مسیح کی خوشبو ہیں۔ بعض کے واسطے مرنے کے لیے موت کی بو اور بعض کے واسطے جینے کے لیے زندگی کی بو ہیں اور کون ان باتوں کے لائق ہے؟"

حِصّہ چہارم

☆ میں یہاں سے کہاں جاتا ہوں؟

1) **دوسرے ایمانداروں سے رفاقت رکھو۔** یہ بہت اہم ہے کہ آپ خدا کے روح سے بھرے ہوا اُس چرچ سے رابطہ رکھو جو بائبل کے مطابق ہے۔ اس وقت تک کسی بھی چرچ کے ممبر نہ ہو جب تک آپ اس کو مکمل طور پر جان نہیں لیتے اور سکون نہیں کر لیتے کہ آیا فلاں چرچ کی ممبر شپ آپ کے لیے ٹھیک رہے گی کہ نہیں۔ آپ اُن ایمانداروں کے ساتھ شامل ہونا چاہو گے جن سے آپ رابطہ کرتے ہو۔

2) **پانی میں غوطے والا بپتسمہ لیں۔** مرقس 16 :16 میں یسوع مسیح کہتے ہیں کہ جو بپتسمہ لے گا وہی نجات پائے گا۔ پس اگر آپ کے ایمان کے اقرار کے بارے میں جاننا ہو تو پانی والے بپتسمہ (غوطے والا بپتسمہ) کے لیے رضا مند ہو۔ یہ اس بات کی علامت ہے کہ ہم مسیح کے ساتھ مر گئے، دفن کیے گئے اور دوبارہ مسیح کے ساتھ جی اُٹھے (رومیوں 4 :6) کچھ چرچ یہ سمجھتے ہیں کہ بپتسمہ نئے مسیحی ہونے والوں کے لیے مسیحی کلیسیا میں ابتداء ہے۔

3) **اپنی بائبل پڑھیں۔** بائبل آپ کی گائیڈ، پرستش، دعا اور آپ کے لیے منصوبہ سازی کی کتاب ہے۔ یہ خدا کا کلام ہے یہ ہزاروں سالوں میں اُن آدمیوں سے لکھی گئی جن کو خدا نے الہام دیا۔ یہ آپ کی قوت کا ذریعہ ہے۔ یسوع خدا کا زندہ کلام ہے (یوحنا 14 -1 :1) اور بائبل خدا کا تحریری کلام ہے۔ روزانہ بائبل پڑھنا آپ کو خدا کے پاس رکھے گا اور خدا کی مرضی جاننے میں آپ کی مدد کرے گا۔

4) **پاک روح کا بپتسمہ لو۔** جب یسوع زندہ ہو کر آسمان پر چڑھے تو یسوع نے پاک روح بھیجا جو خدا کا روح ہے اور ہم میں رہ رہا ہے۔ خدا اپنے روح اور کلام کے ذریعے ہم سے بولتا ہے۔ نجات کے بعد آپ خدا سے روح کے بپتسمہ کے لیے کہہ سکتے ہو (اعمال 4 -1 :2) غیر زبانوں میں دعا کرنا (آسمانی باپ سے آسمانی زبان میں دعا کرنا) یہ روح میں بپتسمہ کا ثبوت ہے (اعمال 6 -5 :19، اور 46 -44 :10)۔ گواہی دینے کے لیے روح سے بھر جانا آپ کے لیے مزید قوت لاتا ہے۔ (اعمال 8 :1 اور 31 :4) اور لالچوں پر قابو پانے میں قوت دیتا ہے۔ یہ آپ کو اس قابل بناتا ہے کہ آپ آسمانی زبانوں میں دعا کر سکیں جو خدا سمجھتا ہے نہ کہ شیطان (1۔ کرنتھیوں 2 :14)۔ یہ تحریری الفاظ میں مکاشفہ لاتا ہے اور روحانی طور پر بڑھنے میں آپ کو تیار کرتا ہے (1۔ کرنتھیوں 4 :14)۔ جب آپ کو واقعی یقین ہو کہ آپ کو پاک روح کی ضرورت ہے تو آپ پاک روح کو پکار کر پاک روح حاصل کر سکتے ہیں یا اپنے اُوپر ہاتھ رکھوا کر آپ پاک روح کی نعمتیں بھی حاصل کر سکتے ہیں جو دوسروں میں منادی کرنے کے لیے استعمال ہوتی ہیں۔

پاک روح کے بپتسمہ کے بارے میں تجویز کردہ کتب:

پاک روح میں بپتسمہ لینے کو سمجھنے کے لیے، غیر زبانوں میں دُعا کرنے اور دوسروں پر ہاتھ رکھنے کے بارے میں تجویز کردہ کتب یہ ہیں:

☆ پاک روح کو حاصل کرنے کے سات بنیادی اقدام

مصنف: کینتھ ای ہیگن

☆ پاک روح میں بپتسمہ

مصنف: کینتھ ای ہیگن

☆ پاک روح کو حاصل کرنے کا بائبل کا طریقہ

مصنف: کینتھ ای ہیگن

☆ پاک روح کا بپتسمہ

مصنف: آر اے ٹورے

☆ پانی، ہوا اور آگ: نئی پیدائش اور پاک روح کے بپتسمہ کو سمجھنا

مصنف: میک اسمتھ

5) **پرستش اور دُعا میں وقت گزاریں۔** آپ کو یہ اعزاز حاصل ہے کہ آپ ساری دُنیا کے تخلیق کرنے والے سے دُعا کریں اور اُس کی آواز سنیں۔ آپ خُدا کی دلیری، رحم اور فضل کے تحت خُدا کی حضوری میں آ سکتے ہیں (عبرانیوں 4: 16)۔ خُدا صرف ہماری دُعاؤں کو سننا یا اُن کا جواب نہیں دیتا وہ آپ سے رفاقت بھی کرنا چاہتا ہے۔ وہ آپ سے مُحبت کرتا ہے! اُس کی حمد و ثنا اور عبادت میں وقت گزاریں اُس سے سوال پوچھیں، خُدا سے اپنی اور دوسروں کی مدد کے لیے درخواست کریں، اور دیکھ کر جیسا وہ کہتا ہے اُس کی آواز سنیں۔ آپ کہیں بھی ہوں جہاں بھی ہوں پاک روح میں (غیر زبانوں میں) دُعا کریں۔

دُعا کے بارے میں تجویز کردہ کتب:

دُعا۔۔۔۔۔آپ کی کامیابی کی دُعا

مصنف: کینتھ کوپ لینڈ

صُلح کے لیے غالب دُعا

مصنف: کینتھ ای ہیگن

دُعا کے راز

مصنف: کیتھ ای ہیکن

اس حصہ میں حوالہ جات دیے گئے ہیں۔

مرقس 16 :16، ''جو ایمان لائے اور بپتسمہ لے وہ نجات پائے گا اور جو ایمان نہ لائے وہ مجرم ٹھہرایا جائے گا۔''

رومیوں 4 :6، ''کام کرنے والے کی مزدوری بخشش نہیں بلکہ حق سمجھی جاتی ہے۔''

یوحنا 14 ,1 :1، ''ابتدا میں کلام تھا اور کلام خُدا کے ساتھ تھا اور کلام خُدا تھا۔ اور کلام مجسم ہوا اور فضل اور سچائی سے معمور ہو کر ہمارے درمیان رہا اور ہم نے اُس کا ایسا جلال دیکھا جیسے باپ کے اکلوتے کا جلال۔''

اعمال 4 -1 :2، ''جب عید پنتکوست کا دن آیا تو وہ سب ایک جگہ جمع تھے کہ یکا یک آسمان سے ایسی آواز آئی جیسے زور کی آندھی کا سناٹا ہوتا ہے اور اُس سے سارا گھر جہاں وہ بیٹھے تھے گونج گیا اور انہیں آگ کے شعلہ کی سی پھٹتی ہوئی زبانیں دکھائی دیں اور اُن میں سے ہر ایک پر آ ٹھہریں اور وہ سب روح القدس سے بھر گئے اور غیر زبانیں بولنے لگے جس طرح روح نے اُنہیں بولنے کی طاقت بخشی۔''

اعمال 6 -5 :19، ''اُنہوں نے یہ سُن کر خُداوند یسوع کے نام کا بپتسمہ لیا۔ جب پولوس نے اُن پر ہاتھ رکھے تو روح القدس اُن پر نازل ہوا اور وہ طرح طرح کی زبانیں اور نبوت کرنے لگے۔''

اعمال 46 -44 :10، ''پطرس یہ باتیں کہہ ہی رہا تھا کہ روح القدس اُن پر نازل ہوا جو کلام سُن رہے تھے اور پطرس کے ساتھ جتنے مختون ایماندار آئے تھے وہ سب حیران ہوئے کہ غیر قوموں پر بھی روح القدس کی بخشش جاری ہوئی۔ کیونکہ اُنہیں طرح طرح کی زبانیں بولتے اور خُدا کی تمجید کرتے سُنا۔''

اعمال 8 :1، ''لیکن جب روح القدس تم پر نازل ہوگا تو تم قوت پاؤ گے اور یروشلم اور تمام یہودیہ اور سامریہ میں بلکہ زمین کی انتہا تک میرے گواہ ہو گے۔''

اعمال 31 :4، ''جب وہ دُعا کر چکے تو جس مکان میں جمع تھے وہ ہل گیا اور وہ سب روح القدس سے بھر گئے اور خُدا کا کلام دلیری سے سُناتے رہے۔''

1۔کرنتھیوں 2 :14، ''کیونکہ جو بیگانہ زبان میں باتیں کرتا ہے وہ آدمیوں سے باتیں نہیں کرتا بلکہ خُدا سے اس لیے کہ اُس کی کوئی نہیں سمجھتا حالانکہ وہ اپنی روح کے وسیلہ سے بھید کی باتیں کہتا ہے۔''

1۔کرنتھیوں 4 :14، ''جو بیگانہ زبان میں باتیں کرتا ہے وہ اپنی ترقی کرتا ہے اور جو نبوت کرتا ہے وہ کلیسیا کی ترقی کرتا ہے۔''

عبرانیوں 16 :4، ''پس آؤ ہم فضل کے تخت کے پاس دلیری سے چلیں تاکہ ہم پر رحم ہو اور وہ فضل حاصل کریں

حِصّہ پنجم

☆ میرے سابقہ جو عادات اور گناہ ہیں اُن کے بارے میں کیا ہے؟

آپ کی نئی پیدائش کے وقت 'پُرانا آدمی" گناہ گار آدمی مر گیا اور نیا آدمی پیدا ہوا۔ خُدا نے آپ کے سابقہ گناہ مُعاف کر دیے اور بُھلا دیے۔ بعض اوقات مضبوط تجربہ (جب یسوع آپ کے چوگرد ہوتا ہے) کے طور پر عادات معجزاتی طور پر ختم ہو جاتی ہیں۔ ہوسکتا ہے کہ مکمل طور پر اپنا آپ اُس کو دینے میں، اور اس پر انحصار کرنے میں کہ وہ آپ کی پُرانی خواہشات ختم کر دے اور یسوع پر انحصار کرنا کہ وہ لالچ سے بچنے میں آپ کی مدد کرے آپ درجہ بدرجہ خُدا کے سامنے مغلوب ہو جائیں۔ یا آپ کو اِن شیطانی قوتوں سے آزاد ہونے کی ضرورت ہے جو آپ کو الکوحل، نیکوٹین، نشہ، اور جنسی خواہشات کی عادات میں گھیرے رکھتی ہیں۔ آپ کو ایمانداروں سے مدد لینے کی ضرورت پڑ سکتی ہے جو تربیت یافتہ ہیں اور خُدا کی نجات کا علم رکھتے ہیں۔

پاک روح آپ کی قوت کا ذریعہ ہے۔ یسوع مسیح کا نام اور خُدا کے بیٹے بیٹیاں ہونے کے ناطے آپ کو گناہ اور بدروحوں پر اختیار رہے۔

خُدا سے رضامند ہونا اور اُس کا کلام سُننا اور شیطان سے مُقابلہ کرنا یہ وہ سب چیزیں ہیں جو شیطان کو بھگا دیں گی (یعقوب 4: 6-7) ''وہ تو زیادہ توفیق بخشتا ہے۔ اس لیے یہ آیا ہے کہ خُدا مغروروں کا مقابلہ کرتا ہے مگر فروتنوں کو توفیق بخشتا ہے۔ پس خُدا کے تابع ہو جاؤ اور ابلیس کا مقابلہ کرو تو وہ تُم سے بھاگ جائے گا۔" واپس اُسی نُقطہ پر جائیں کہ جب آپ نئے سرے سے پیدا ہوتے ہیں تو کیا ہوتا ہے اور آپ مغلوب آنے والی قوت دیکھو گے جو نجات ہے۔ جب شیطان آپ کو اذیت دیتا ہے تو خُدا کا کلام پڑھیں اور پڑھتے رہیں بالکل iPod کی طرح، اور غلطیوں گناہوں کو بُھلا دو۔ شیطان کو یسوع کے نام میں کہو کہ وہ اپنا منہ بند کرے اور آپ سے دور چلا جائے۔ اگر شیطان واپس آتا ہے تو ملامت محسوس نہ کریں۔ مضبوطی سے کھڑے ہوں اور اُس کو اجازت نہ آنے دیں۔ یاد رکھیے کہ شیطان چاہتا ہے کہ آپ شیطان کے ساتھ رضامند ہو جائیں تا کہ وہ آپ کو قتل کر سکے۔ لیکن آپ کا پُرانا پن مر چُکا ہے اگر آپ کا تعلق یسوع مسیح کے ساتھ ہے اور آپ شیطان کا مقابلہ کرتے ہو تو وہ آپ کو روحانی طور پر قتل نہیں کر سکتا!

اختتامیہ

نئی پیدائش اور نئے ایمانداروں کے بارے میں کہنے کے لیے اور بھی بہت کچھ ہے۔ میں ہر ایک نُقطہ پر لکھنا چاہتی ہوں لیکن اس کتاب کا مقصد آپ کو نئی زندگی کا تعارف کروانا ہے نہ کہ تُم کو شروع سے لے کر آخر تک بتانا ہے۔

میں یسوع کو اپنا نجات دہندہ قبول کرنے کے لیے عین کے مقام پر واقع قُربان گاہ پر گئی۔ میں نے اُس وقت کوئی فرق محسوس نہیں کیا۔ میں جانتی تھی کہ خُدا سے تعلقات کی نسبت مذہب کے اثرات مُجھ پر زیادہ تھے۔ اگر چہ میں خُد

اور یسوع کے لیے چلائی لیکن چھوٹی عُمر میں مذہب نے میری کوئی مدد نہ کی۔ میں اپنا اختیار نہیں سمجھتی تھی اور مجھے اس وقت یقین نہ تھا کہ مجھے 'نجات' مل گئی ہے۔

میں نے کب جانا کہ میں نجات یافتہ ہوں؟ جب میں تیس سال کی عُمر کو پہنچی تو میری دوست اور میرے ساتھ کام کرنے والی نے مجھے یسوع کے بارے میں بتایا میری آنکھوں میں اُس دوست کی زندگی پاک تھی۔ میرے اندر خُدا کے لیے بھوک آگئی اور کچھ وقت میں میں نے اور میرے خاوند نے پاک روح سے معمور شخص سے مدد حاصل کی۔ اُس شخص کے ذریعے اور چرچ کے ذریعے جس کے ساتھ بعد میں ہم رابطے میں رہے ہم نے پاک روح کا بپتسمہ لیا۔ جب ہم نے سب سے پہلی عبادت میں شرکت کی تو میں نے شفا پائی۔ پہلے دن اُس روح سے بھرے ہوئے چرچ میں عبادت میں مجھے سوچ یاد ہے کہ " کیوں کسی کو غیر زبانوں میں دُعا کرنی چاہیے؟" آپ نے اِس کا اندازہ لگایا ہو گا اس دن پاسٹر روح القدس کے بپتسمہ پر کلام سُنا رہا تھا۔ چند ہی ہفتوں میں پاک روح نے میری زندگی میں پاک روح کی کمی کا اظہار کیا اور میں پاک روح کی بخشش کو حاصل کرنے کے لیے اور انتظار نہ کر سکی۔

میں نے کبھی کسی کو غیر زبانوں میں دُعا کرتے نہیں سُنا تھا اور میں نے کبھی بھی کوئی ایسا شخص نہیں دیکھا تھا یا جانتی تھی جو پاک روح کے زیرِ سایہ آیا ہو، لیکن اُس صبح میں نے اس بات کا تجربہ کیا۔ اس روح کے بھرے جانے سے میری زندگی تبدیل ہو گئی۔ اُس لمحے کوئی بھی ایسا راستہ نہ تھا جو مجھے اِس بات پر قائل کر سکتا کہ میں 'نجات یافتہ' نہیں ہوں۔ اور میں جانتی تھی کہ اب میں نجات یافتہ ہوں! میں اس قابل تھی کہ میں بہت زیادہ کلام کے بارے میں اور غیر زبانوں میں دُعا کرنے کے بارے میں جان سکی اور اس کلام کو سمجھ سکی جس کی پہلے میرے سامنے کوئی اہمیت نہ تھی۔ میں تقریباً دو سال تک چرچ میں چلاتی رہی، خُدا نے مجھے عزت دی، مجھے قبول کیا اور مجھے معاف کیا۔

جب آپ فیصلہ کر لیتے ہو تو یہاں سے کہاں جاتے ہو! مہربانی فرما کر خُدا کو اجازت دیں کہ وہ آپ کو اپنے جلال کے اندر لے جا سکتا کہ وہ آپکو ایسا شخص بنا دے جس کا خُدا نے آپ کے بارے میں منصوبہ کیا ہوا ہے۔ دُنیا آپ کو واپس کھینچے گی، اور ایسا کرنا آسان ہے لیکن اِس کی قیمت بہت زیادہ ہے۔ رو ئے ایلس جو جانا پہچانا پاسٹر ہے نے کہا، "گناہ مجھے اس مقام سے دور لے جائے گا جہاں میں جانا چاہتا ہوں، میرے ساتھ زیادہ دیر رہے گا جتنا میں اُس کو ساتھ رکھنا چاہتا ہوں، اور وہ قیمت جو میں آسانی سے ادا کر سکتا ہوں مجھے اُس سے بھی زیادہ چکانی پڑے گی۔۔۔۔" یسوع مسیح کے ساتھ چلو اور وہ اقدام معلوم کرو جو آپ کو خُدا کے منصوبے کے لیے کرنے ہوں گے جو اس نے آپ کے لیے رکھے ہیں۔ یہ سب سے بہترین زندگی ہے!